✿うさまる✿と一緒にまなぶ はじめての韓国語会話

パシャ

JN048507

著者：sakumaru
協力：LINE Friends Japan株式会社

KADOKAWA

はじめに

この本を手に取ってくださり、ありがとうございます！

「韓国語に興味はあるけど何から学べばいいかわからない」
「まずは手軽に始めてみたい」

そんな初心者向けの超ライトな韓国語会話本ができました！

この本では、難しい文法を覚える必要はありません。
うさまるのイラストと発音表記があるので
視覚的に楽しく勉強することができます。

キャラクター紹介

うさまる
白くてもちふわなうさぎの男の子。
素直で優しい性格。
ちょっとだけ臆病だけど好奇心旺盛。

うさこ
うさまると仲良しな
ピンク色のうさぎの女の子。
いちごやスイーツが好物。

あいさつや日常会話で頻出のものから、
旅行に食事、買い物、恋愛、
ファッションまで…

覚えておいて損はない、
親しみやすくて使いやすい「韓国語フレーズ」を
ギュギュっと集めました！

1ページに1フレーズ、
かわいいイラスト付きで構成されているので、
韓国語を勉強しながらうさまるたちにたーっぷり癒されてください。

この本の使い方

001

001

こんにちは

안녕.

アンニョン

使い方

会ったときだけでなく、「じゃあね」のように別れるときにも使えるよ。目上の人には안녕하세요.（アンニョンハセヨ）と言おう。

単語の解説

안녕（アンニョン） 感 元気、バイバイ
앞으로（アプロ） 副 これから
잘（チャル） 副 よく
부탁하다（プタカダ） 動 お願いする

会えてうれしいよ

반가워.

バンガウォ

これからよろしくね

앞으로 잘 부탁해.

アプロ　チャル　プタケ

012

フレーズ番号と音声

日常会話で必須の韓国語会話「136フレーズ」を収録しています。1ページに1フレーズの構成で、各フレーズには「日本語」と「韓国語」の音声が無料で付いています。再生方法の詳細は10ページをご確認ください。

韓国語会話フレーズと発音

使用シーンやジャンル別で「6チャプター」に分かれています。韓国語フレーズの下にはカタカナ発音表記があるので、発音するときの参考にしてみてください。なお、お使いの参考書によって若干表記が異なる場合がございます。
また、この本の「目次」には日本語フレーズが載っているので、索引としてもお使いいただけます。

使い方

どのような場面で、どのような意図で使うフレーズなのかを解説しています。使い方に迷ったときにご確認ください。

単語の解説と関連フレーズ

そのページで出てきた韓国語単語を「品詞」と「日本語訳」で解説しています。品詞は、「名詞」「動詞」「形容詞」「副詞」「助詞」「代名詞」のほかに、本書では次のようにマークしています（数 =数詞　感 =感嘆詞　冠 =冠形詞）。

Contents

Chapter 1 あいさつ・リアクション

Chapter 2 食事

Chapter 3 旅行・買い物

Chapter 5 学校・行事

Staff

ブックデザイン　喜來詩織(エントツ)
DTP　クニメディア
音声　ウニョン／兼安愛海
録音協力　英語教育協議会(ELEC)
監修　韓興鉄
執筆　カルチャー・プロ
校正　鷗来堂

音声について

1 ダウンロード方法（PCのみ）

https://www.kadokawa.co.jp/product/322306001307/

［ID/ユーザー名］usamarukorean　［パスワード］korean-2024

上記のURLからアクセスいただくと、データを無料でダウンロードできます。
「ダウンロードはこちら」という一文をクリックして、
ユーザー名とパスワードをご入力のうえご利用ください。

2 ストリーミング再生方法（PCおよびスマートフォン）

https://www.abceed.com/

上記のURLまたは二次元コードからアクセスいただくと、
AI英語教材アプリ「abceed」に遷移いたします。
アプリの会員登録（無料）をしていただくことで、
音声を無料で聴くことができます。

注意事項

- ダウンロードはPCからのみとなります。
  携帯電話・スマートフォンからのダウンロードはできません。
- 音声はmp3形式で保存されています。お聴きいただくには、mp3を再生できる環境が必要です。
- ダウンロードページへのアクセスがうまくいかない場合は、お使いのブラウザが最新であるかどうかご確認ください。また、ダウンロードする前に、PCに十分な空き容量があることをご確認ください。
- ダウンロードフォルダは圧縮されていますので、解凍したうえでご利用ください。
- 音声はPCでの再生を推奨します。
  一部ポータブルプレイヤーにデータを転送できない場合もございます。
- ダウンロードデータを私的使用範囲外で複製、
  または第三者に譲渡・販売・再配布する行為を固く禁止いたします。
- ストリーミング再生方法は「abceed」サイトよりご確認ください。
- 「abceed」には無料の「Freeプラン」とは別に有料の「Proプラン」がございます。
- 本サービスは予告なく終了する場合がございます。あらかじめご了承ください。

Chapter 1

あいさつ・リアクション

001

001

こんにちは

안녕.

アンニョン

使い方

会ったときだけでなく、「じゃあね」のように別れるときにも使えるよ。目上の人には안녕하세요.(アンニョンハセヨ)と言おう。

単語の解説

- **안녕**(アンニョン) 感 元気、バイバイ
- **앞으로**(アプロ) 副 これから
- **잘**(チャル) 副 よく
- **부탁하다**(プタカダ) 動 お願いする

会えてうれしいよ

반가워.

パンガウォ

これからよろしくね

앞으로 잘 부탁해.

アプロ　チャル　プタケ

002

002

응.

ウン

使い方

友達同士で気軽に使える同意の表現だよ。「はい」と丁寧に言いたいときは네(ネ)を少しのばす感じで言うよ。

単語の解説

좋다(チョタ) 形 良い
알다(アルダ) 動 わかる

いいよ

좋아.

チョア

わかった

알았어.

アラッソ

003

ひさしぶり

오랜만이야.

オレンマニヤ

使い方

年上や親しくない人に対しては、〜요(ヨ)をつけて오랜만이에요(オレンマニエヨ).や오래간만이에요(オレガンマニエヨ).と言うよ。

単語の解説

오랜만(オレンマン) 名 ひさしぶり
지내다(チネダ) 動 過ごす
보다(ポダ) 動 見る、会う

元気だった?

잘 지냈어?

チャル　チネッソ

会いたかった

보고 싶었어.

ポゴ　シポッソ

004

そうなの?

그래?

クレ

使い方

그래(クレ)は「そう」の意味だよ。言い方を大げさにすると、「まじか〜」のようにも使えるよ。

単語の解説

그래(クレ) 感 そう
그렇다(クロタ) 形 その通りだ
-구나(クナ) 感嘆、共感を表す語尾

そうだよね?

그렇지? / 그치?

クロチ/クチ

そうなんだ

그렇구나.

クロクナ

005

ウケる

웃겨.

ウッキョ

使い方

「笑える(=ウケる)」という意味だよ。「笑わせないで」と言いたいときは웃기지마(ウッキジマ). と言おう。

単語の解説

웃기다(ウッキダ) 動 笑わせる
재미있다(チェミイッタ) 形 おもしろい
미치다(ミチダ) 動 熱中する

おもしろいね

재미있네.

チェミインネ

おかしくなりそう

미치겠다.

ミチゲッタ

006

知らないけど

모르겠는데.

モルゲンヌンデ

使い方

～는데(ヌンデ)は余韻を残す言い方。「知らなかった」は몰랐어(モルラッソ).と言うよ。

単語の解説

모르다(モルダ) 動 知らない
처음(チョウム) 名 初めて、最初
듣다(トゥッタ) 動 聞く
-(으)ㄴ 적이 없다(（ウ）ン ジョギ オプタ)
～したことがない

初めて知ったよ

처음 알았어.

チョウム　アラッソ

聞いたことないよ

들은 적이 없어.

トゥルン　ジョギ　オプソ

007

ごめん

미안.

ミアン

軽く言うときは미안(ミアン).または미안해(ミアネ).でいいよ。年上や年配の人には使わないよ。

単語の解説

미안하다(ミアナダ) 形 すまない
죄송하다(チェソンハダ) 形 申し訳ない
실례(シルレ) 名 失礼
많다(マンタ) 形 多い

ごめんなさい

죄송해요.

チェソンヘヨ

大変失礼しました

실례가 많았습니다.

シルレガ　マナッスムニダ

008

ありがとう

고마워.

コマウォ

使い方

韓国では少しおおげさに表現することが多いから、우와(ウワ)〜、고마워(コマウォ)！と言うと相手によく伝わるよ。

単語の解説

- **고맙다**（コマプタ） 形 ありがたい
- **감사하다**（カムサハダ） 動 感謝する
- **감동**（カムドン） 名 感動
- **받다**（パッタ） 動 受ける

ありがとうございます

감사합니다.

カムサハムニダ

感動したよ

감동 받았어.

カムドン　パダッソ

009

009

じゃあね

잘 가.

チャル　ガ

直訳すると「よく行って」という意味だよ。去っていく相手に対して言うよ。

単語の解説

잘 副 よく（チャル）
가다 動 行く（カダ）
또 副 また（ット）
보다 動 会う（ポダ）
조심하다 動 注意する（チョシマダ）

また会おう

또 보자.

ット　ポジャ

気をつけて帰ってね

조심해서 가.

チョシメソ　カ

010

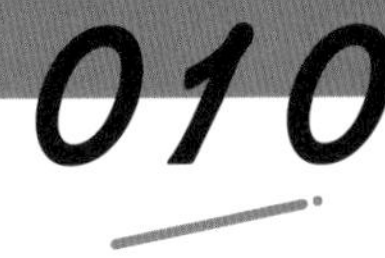

行こう

가자.

カジャ

使い方

誘うときの語尾 -자(ジャ) を使った表現だよ。急ぐときには、繰り返して가자 가자.(カジャ カジャ) と言うこともあるよ。

単語の解説

이따가(イッタガ) 副 あとで
일주일(イルチュイル) 名 1週間
후(フ) 名 後

あとで会おう

이따가 보자.

イッタガ　ポジャ

1週間後に会おう

일주일 후에 보자.

イルチュイル　フエ　ポジャ

011

011

だいじょうぶ？

괜찮아?

クェンチャナ

使い方

괜찮아?（クェンチャナ）と聞かれて、「大丈夫だよ」と答えるときは괜찮아.（クェンチャナ）、大丈夫ではないときは안 괜찮아.（アン グェンチャナ）と言うよ。

単語の解説

괜찮다（クェンチャンタ） 形 大丈夫だ

어떡하다（オットカダ） 動 どうする

걱정（コクチョン） 名 心配

どうしよう

어떡해.

オットケ

心配だな

걱정이네.

コクチョンイネ

012

012

なんで？

왜?

ウェ

使い方

理由を聞くときに使う表現だよ。「どうしたの？」왜 그래?（ウェ グレ）もよく使うよ。

単語の解説

왜（ウェ） 副 なぜ、どうして

그래서（クレソ） 副 それで、そして

설명하다（ソルミョンハダ） 動 説明する

それで？

그래서?

クレソ

説明して

설명해.

ソルミョンヘ

013

013

いいなあ

좋겠다.

チョケッタ

使い方

相手に何かを自慢されたときに使える表現だよ。

単語の解説

좋다 形 良い
チョタ

부럽다 形 うらやましい
プロッタ

대단하다 形 すごい
テダナダ

うらやましい

부러워.

プロウォ

すごい

대단해.

テダネ

014

014

きれいだね／かわいいね

예쁘네.

イェップネ

使い方

「人や動物」だけではなく、物に対しても広く使える表現だよ。
「きれい」という意味の他、何かをかわいがるときにも使うよ。

単語の解説

예쁘다 形 きれいだ、かわいい
イェップダ

귀엽다 形 かわいい
クィヨプタ

잘생기다 形
チャルセンギダ
器量がいい、ハンサムだ

かわいい

귀여워.

クィヨウォ

かっこいい

잘생겼어.

チャルセンギョッソ

015

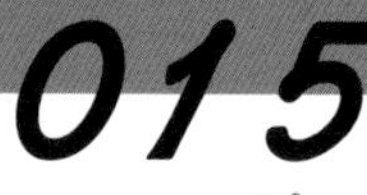

ひどい

너무해.

ノムヘ

使い方

ちょっとすねたときや不快な気分になったときに使える表現だよ。

単語の解説

너무하다（ノムハダ）形 ひどい
기분（キブン）名 気分
나쁘다（ナップダ）形 悪い
하다（ハダ）動 する
-지 말다（チ マルダ） 〜ない（禁止を表す）

不愉快だよ

기분이 나빠.

キブニ　ナッパ

やめて

하지 마.

ハジ　マ

016

016

やばい！

난리 났어!

ナルリ　ナッソ

使い方

「大変だ」「すごいこと聞いたんだけど聞いてよ」などと言いたいときに使えるよ。

単語の解説

난리（ナルリ） 名 騒ぎ

나다（ナダ） 動 起きる

큰일（クニル） 名 大変なこと

세상에（セサンエ） 感 なんてこと

大変なことになった

큰일 났어.

クニル　ナッソ

なんとまあ

세상에.

セサンエ

017

017

そっくりだね

똑같네.

ットッカンネ

使い方

「そっくりだ〜」と言いたいときに使うよ。똑같다(ットッカッタ) の 같다(カッタ) は「同じ」の意味で、같네(カンネ) の네(ネ) は日本語の「〜(だ)ね」に似た語尾だよ。

単語の解説

똑같다(ットッカッタ) 形 そっくりだ
닮다(タムタ) 動 似ている
혹시(ホクシ) 副 もしかして
쌍둥이(ッサンドゥンイ) 名 双子

似てるね

닮았어.

タルマッソ

もしかして双子?

혹시 쌍둥이?

ホクシ　ッサンドゥンイ

018

018

おやすみ

잘 자.

チャル ジャ

使い方

1日の最後のあいさつだね。起きたときは잘 잤어?(チャル ジャッソ)「よく寝られた?」と言うよ。

単語の解説

- 자다(チャダ) 動 寝る
- 푹(プク) 副 ぐっすり
- 쉬다(シュィダ) 動 休む
- 꿈(ックム) 名 夢
- 꾸다(ックダ) 動 (夢を)見る

ゆっくり休んで

푹 쉬어.

プク シュィオ

いい夢見てね

좋은 꿈 꿔.

チョウン ックム ックォ

019

019

ちょっと待って

좀 기다려.

チョム　キダリョ

使い方

相手に少し待ってもらいたいときに使える表現だよ。

単語の解説

- **좀**（チョム）副 ちょっと、少し
- **기다리다**（キダリダ）動 待つ
- **여기**（ヨギ）代 ここ
- **많이**（マニ）副 多く

ここで待っていて

여기서 기다려 줘.

ヨギソ　キダリョ　ジュォ

かなり待ったでしょ?

많이 기다렸지?

マニ　キダリョッチ

020

マジで？

진짜?

チンッチャ

使い方

驚いたときに使う表現だよ。「マジだよ」と返すときは진짜야.（チンッチャヤ）と言うよ。

単語の解説

진짜（チンッチャ） 副 本当に、本物

정말（チョンマル） 名 本当

믿다（ミッタ） 動 信じる

-(으)ㄹ 수가 없다（(ウ)ル スガ オプタ）
(～することが)できない

本当？

정말이야?

チョンマリヤ

信じられないよ

믿을 수가 없어.

ミドゥル スガ オプソ

021

021

まさか！

설마!

ソルマ

信じられない、というときに使えるよ。うわさ話をしているときに使える表現だね。

単語の解説

설마 副 まさか
ソルマ

-(으)ㄹ 리가 없다
（ウ）ル リガ オプタ
（～する）わけがない

무슨 冠 どんな
ムスン

소리 名 音、話、言葉
ソリ

そんなわけない

그럴 리가 없어.

クロル リガ オプソ

どういうこと？

무슨 소리야?

ムスン ソリヤ

022

びっくりしたあ

놀랐어.

ノルラッソ

使い方

驚いたときに使う表現だよ。놀랐어요.（ノルラッソヨ）とすれば目上の人に使うこともできるよ。

単語の解説

놀라다（ノルラダ）動 驚く

대박（テバク）名 やばい（「大当たり」を意味する俗語）

충격（チュンギョク）名 衝撃、ショック

やばい

대박.

テバク

衝撃だよ

충격이야.

チュンギョギヤ

023

023

痛い！

아파!

アパ！

使い方

痛いときに思わず言ってしまう表現だよ。

単語の解説

아프다 形 痛い
アプダ

아야 感 いてっ
アヤ

위험하다 形 危険だ
ウィホマダ

いたたっ

아야.

アヤ

危ないよ

위험해.

ウィホメ

024

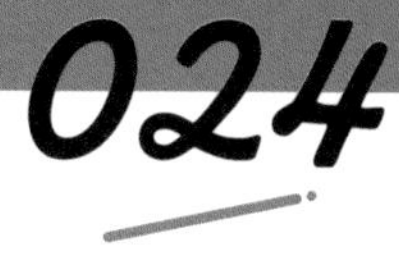

ちがうよ

아니야.

アニヤ

使い方

「いいえ」のカジュアルな言い方だよ。目上の人には아니에요.（アニエヨ）を使うよ。

単語の解説

아니다（アニダ）形 ちがう

싫다（シルタ）形 いやだ、きらい

안（アン）副 〜しない（否定や反対を表す）

되다（トゥェダ）動 〜になる

いやだよ

싫어.

シロ

だめだよ

안 돼.

アン ドゥェ

025

025

そうだよ

맞아.

マジャ

使い方

相手に同意するときの表現だよ。맞아(マジャ) 맞아(マジャ). のように重ねて言うこともあるよ。

単語の解説

- **맞다**(マッタ) 動 合う
- **이해하다**(イヘハダ) 動 理解する
- **나**(ナ) 代 私
- **-도**(ト) 助 ～も
- **생각하다**(センガカダ) 動 思う

わかりますよ

이해해요.

イヘヘヨ

私もそう思う

나도 그렇게 생각해.

ナド　クロケ　センガケ

026

おつかれ

おつかれさま

수고.

スゴ

使い方

相手をねぎらうときに使う表現だよ。友達や年下なら수고(スゴ).のほか、수고했어(スゴヘッソ).と言ってもいいよ。

単語の解説

수고(하다) 動 苦労(する)
スゴ(ハダ)

힘들다 形 大変だ
ヒムドゥルダ

고생 名 苦労
コセン

많다 形 多い
マンタ

疲れたでしょ?

힘들었죠?

ヒムドゥロッチョ

大変だったでしょ?

고생 많았죠?

コセン　マナッチョ

027

027

ほっとした

다행이야.

タヘンイヤ

使い方

「ほっとした、よかった、安心した」と心配していたことが起こらなくてよかったと感じたときに使う表現だよ。

単語の解説

다행（タヘン） 名 幸い
안심하다（アンシマダ） 動 安心する
잘되다（チャルドゥェダ） 動 よくできる、うまくいく

安心したよ

안심했어.

アンシメッソ

よかった

잘됐다.

チャルドゥェッタ

Chapter 2

食事

028

028

おなかすいた

배고파.

ペゴパ

使い方

おなかがすいたときに使う表現だよ。

単語の解説

배고프다 形 (ペゴプダ)
おなかがすいている

밥 名 (パプ) ごはん、食事

먹다 動 (モクタ) 食べる

점심 名 (チョムシム) 昼食

ごはん食べた?

밥 먹었어?

パプ　モゴッソ

お昼ごはん食べに行こう

점심 먹으러 가자.

チョムシム　モグロ　カジャ

029

029

のどかわいたなあ

목말라.

モンマルラ

使い方

목(モク)は「のど」、마르다(マルダ)は「かわく」の意味だよ。

単語の解説

목마르다（モンマルダ） 動 のどがかわく

뭐（ムォ） 代 何

마시다（マシダ） 動 飲む

커피（コピ） 名 コーヒー

한잔하다（ハンジャナダ） 動 一杯飲む

何か飲む?

뭐 마실래?

ムォ　マシルレ

コーヒー一杯飲む?

커피 한잔할까?

コピ　ハンジャナルカ

030

030

おやつ食べよう

간식 먹자.

カンシク　モクチャ

使い方

간식（カンシク）は食事の間に食べるおやつ（間食）のことだよ。ペットにも使えるよ。

単語の解説

- **김밧**（キムパプ）名 キムパ
- **-고 싶다**（コ シプタ） ～したい
- **맵다**（メプタ）形 辛い
- **것**（コッ）名 もの
- **좋아하다**（チョアハダ）動 好きだ

キムパが食べたいんだけど

김밥 먹고 싶은데.

キムパプ　モッコ　シプンデ

辛いものが好きです

매운 것을 좋아해요.

メウン　ゴスル　チョアヘヨ

031

席ありますか?

자리 있어요?

チャリ　イッソヨ

使い方

자리(チャリ)は「席」の意味。店員さんには必ず丁寧語を使おう。

単語の解説

자리(チャリ) 名 席
만석(マンソク) 名 満席
예약(イェヤク) 名 予約

満席ですね

만석이네요.

マンソギネヨ

予約はしていないです

예약은 안 했어요.

イェヤグン　ア　ネッソヨ

032

いただきます

잘 먹겠습니다.

チャル　モッケッスムニダ

使い方

「ごちそうさまです」は잘 먹었습니다.と言うよ。
（チャル モゴッスムニダ）

単語の解説

잘 副 よく
チャル

먹다 動 食べる
モクタ

많이 副 多く
マ ニ

食べよう

먹자.

モクチャ

たくさん食べて

많이 먹어.

マニ　モゴ

033

033

おいしいね

맛있어.

マシッソ

使い方

맛「味」が 있다「ある」でおいしい、の意味だよ。「おいしそう」は맛있겠다. と言うよ。

単語の解説

맛있다 形 おいしい（マシッタ）
입 名 口（イプ）
맞다 動 合う（マッタ）
처음 名 初めて（チョウム）
-아/어 보다 補動 〜(て)みる（ア／オ ボダ）

口に合います

입에 맞아요.

イベ　マジャヨ

初めて食べました

처음 먹어 봤어요.

チョウム　モゴ　ボァッソヨ

034

冷たい！

차가워!

チャガウォ

使い方

冷たい食べ物を食べたときに言ってみよう。

単語の解説

차갑다 形 冷たい
チャガプタ

시원하다 形 涼しい
シウォナダ

식다 動 冷める
シクタ

涼しい

시원해.

シウォネ

冷めちゃった

식었어.

シゴッソ

035

035

サービスいいですね

서비스 좋네요.

ソビス　チョンネヨ

使い方

店員さんに何かサービスをしてもらったときに使う表現だよ。

単語の解説

- **서비스**（ソビス） 名 サービス
- **좋다**（チョタ） 形 良い
- **받다**（パッタ） 動 受ける
- **또**（ット） 副 また、再び
- **오다**（オダ） 動 来る

ありがたく受け取ります

잘 받을게요.

チャル　パドゥルケヨ

また来ます

또 올게요.

ット　オルケヨ

036

036

すみません!

저기요!

チョギヨ

使い方

手を挙げて店員さんを呼ぶときに使える表現だよ。声を張り上げて大きめの声で言うのが韓国式。

単語の解説

이거 代 これ
イゴ

치우다 動 片付ける
チウダ

계산 名 会計
ケサン

부탁하다 動 お願いする
プタカダ

これを下げてください

이거 치워 주세요.

イゴ　チウォ　ジュセヨ

お会計お願いします

계산 부탁해요.

ケサン　プタケヨ

037

037 メニューください

메뉴판 주세요.

メニュパン　ジュセヨ

使い方

注文のときに使える表現。판(パン)は「板」の意味。「〜ください」は〜주세요(ジュセヨ)と言うよ。

単語の解説

- 메뉴판(メニュパン) 名 メニュー
- 추천하다(チュチョナダ) 動 おすすめする
- 뭐(ムォ) 代 何
- 잘(チャル) 副 よく
- 나가다(ナガダ) 動 売れる

おすすめしてください

추천해 주세요.

チュチョネ　ジュセヨ

どれがよく売れていますか

뭐가 잘 나가요?

ムォガ　チャル　ナガヨ

038

038

注文お願いします

주문 부탁해요.

チュムン　プタケヨ

使い方

注文のときに使える表現だね。주문이요.（チュムニヨ）「注文です」だけでもいいよ。

単語の解説

- **주문**（チュムン） 名 注文
- **조금**（チョグム） 副 少し
- **시키다**（シキダ） 動 注文する
- **고민**（コミン） 名 悩み
- **-중**（チュン） 名 ～中

ちょっとあとで注文します

조금 이따가 시킬게요.

チョグム　イッタガ　シキルケヨ

何を食べるか悩み中

뭘 먹을까 고민 중.

ムォル　モグルカ　コミン　ジュン

039

039

あたたかいね

따뜻해.

ッタットゥテ

使い方

寒いところから暖かいお店の中に入ったときなどに使えるよ。

単語の解説

따뜻하다 形 温かい・暖かい
ッタットゥタダ

뜨겁다 形 熱い
ットゥゴプタ

따끈따끈하다 形 ほかほかする
ッタックンッタックナダ

熱い

뜨거워.

ットゥゴウォ

ほかほかだね

따끈따끈해.

ッタックンッタックネ

040

おなかいっぱい

배불러.

ペブルロ

使い方

배(ペ)はお腹のこと。「もう食べられない」と言いたいときははっきりと伝えようね。

単語の解説

배부르다（ペブルダ） 形 満腹だ
많이（マニ） 副 多く
배（ペ） 名 おなか
터지다（トジダ） 動 裂ける、破裂する
-(으)ㄹ 것 같다（（ウ）ル コッ カッタ） ～しそうだ

たくさん食べたよ

많이 먹었어.

マニ　モゴッソ

お腹がはちきれそう

배가 터질 것 같아.

ペガ　トジル　コッ　カタ

041

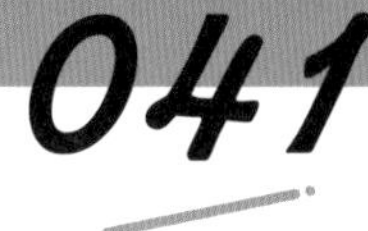

さくさくだね

바삭바삭해.

パサクパサケ

使い方

食べ物の感想を言うときに使える表現だよ。食感を伝えよう。

単語の解説

바삭바삭하다 形 (パサクパサカダ) ぱりぱりする（乾いた様子）

부드럽다 形 (プドゥロプタ) やわらかい

식감 名 (シッカム) 食感

좋다 形 (チョタ) 良い

やわらかいね

부드러워.

プドゥロウォ

食感がいいね

식감이 좋아.

シッカミ　チョア

042

料理上手だね

요리 잘하네.

ヨリ　チャラネ

使い方

잘하네.(チャラネ)「上手だね」は、いろいろなことをほめるときに使える表現だよ。

単語の解説

요리(ヨリ) 名 料理
잘하다(チャラダ) 形 上手い
배우다(ペウダ) 動 習う
어떻다(オットタ) 形 どうだ
만들다(マンドゥルダ) 動 作る

教わりたいな

배우고 싶어.

ペウゴ　シポ

どうやって作るの?

어떻게 만들어?

オットケ　マンドゥロ

043

043

いいにおいだね

냄새 좋네.

ネムセ　チョンネ

使い方

おいしい食べ物のにおいがしてきたら、こう言ってみよう。

単語の解説

냄새（ネムセ） 名 におい
향기（ヒャンギ） 名 香り
안（アン） 副 否定や反対を表す

香りがいいね

향기 좋아.

ヒャンギ　チョア

においがよくないね

냄새 안 좋아.

ネムセ　アン　ジョア

044

044

休みです

쉬는 날이에요.

シュィヌン　ナリエヨ

使い方

「休む日」という意味だよ。「祝日」は공휴일(コンヒュイル)の他に빨간 날(ッパルガン ナル)（赤い日）とも言うよ。

単語の解説

쉬다（シュィダ）動 休む
날（ナル）名 日
빨갛다（ッパルガタ）形 赤い
영업하다（ヨンオパダ）動 営業する
문(을) 닫다（ムン(ウル) タッタ）動 閉店する

営業しています

영업해요.

ヨンオペヨ

閉店しました

문 닫았어요.

ムン　タダッソヨ

Chapter 3

旅行・買い物

045

045

準備中だよ

준비 중이야.

チュンビ　ジュンイヤ

使い方

旅行の準備をしているときに使う表現だよ。お店を開ける前の「準備中」というときにも使えるよ。

単語の解説

- **준비**（チュンビ）名 準備、用意
- **지금**（チグム）名 今
- **하다**（ハダ）動 する
- **끝나다**（ックンナダ）動 終わる

今やっているよ

지금 하고 있어.

チグム　ハゴ　イッソ

終わったよ

끝났어.

ックンナッソ

夏休みです

여름휴가예요.

ヨルムヒュガエヨ

使い方

四季は봄（ポム）「春」、여름（ヨルム）「夏」、가을（カウル）「秋」、겨울（キョウル）「冬」と言うよ。

単語の解説

여름휴가（ヨルムヒュガ） 名 （会社の）夏休み

출장（チュルチャン） 名 出張

혼자（ホンジャ） 名 一人

出張です

출장이에요.

チュルチャンイエヨ

一人で来ました

혼자 왔어요.

ホンジャ　ワッソヨ

047

047

韓国は初めてです

한국은 처음이에요.

ハンググン　チョウミエヨ

使い方

「2回目」は두 번째(トゥ ポンッチェ)、「3回目」は세 번째(セ ポンッチェ)というよ。「たくさん来ました」は많이 왔어요.(マニ ワッソヨ)だよ。

単語の解説

- **한국**(ハングク) 名 韓国
- **처음**(チョウム) 名 初めて
- **오랜만**(オレンマン) 名 久しぶり
- **-아/어 보다**(アノオ ポダ) 補動 〜(て)みる

久しぶりに来ました

오랜만에 왔어요.

オレンマネ　ワッソヨ

行ったことがあります

가 본 적이 있어요.

カ　ポン　ジョギ　イッソヨ

048

048

ゆっくり休んでください

편하게 쉬세요.

ピョナゲ　シュィセヨ

使い方

편하게(ピョナゲ)は「楽に」の意味だよ。相手が疲れていそうなときに使おう。

単語の解説

편하다(ピョナダ) 形 楽だ
시간(シガン) 名 時間
보내다(ポネダ) 動 過ごす
놀다(ノルダ) 動 遊ぶ
-다(가)(タ（ガ）) ～してから

いい時間を過ごしてください

좋은 시간 보내세요.

チョウン　シガン　ポネセヨ

たくさん遊んでいってください

많이 놀다 가세요.

マニ　ノルダ　ガセヨ

049

049

行ってくるよ

갔다 올게.

カッタ　オルケ

使い方

出発するときに言う表現だよ。丁寧に言う場合は갔다 올게요.(カッタ オルケヨ)や갔다 오겠습니다.(カッタ オゲッスムニダ)と言うよ。

単語の解説

-(으)ㄹ게(（ウ）ルケ)　～するからね

바로(パロ) 副 すぐに

나가다(ナガダ) 動 出る

자(チャ) 感 さあ

출발(チュルバル) 名 出発

すぐに出るよ

바로 나갈게.

パロ　ナガルケ

さあ、出発！

자, 출발!

チャ　チュルバル

050

どこに行く?

어디로 갈까?

オディロ　カルカ

使い方

「どこに行こうか」と相手に声をかけるときに使う表現だよ。
어디 갈까?（オディ カルカ）でもOKだよ。

単語の解説

어디（オディ） 代 どこ
저쪽（チョッチョク） 代 あちら
-(으)ㄹ까?（（ウ）ルカ） ～しようか?
이쪽（イッチョク） 代 こちら
-(으)로（（ウ）ロ） 助 ～へ

あっちへ行こうか?

저쪽으로 갈까?

チョッチョグロ　カルカ

こっちへ来て

이쪽으로 와.

イッチョグロ　ワ

051

051 道を教えてください

길을 가르쳐 주세요.

キルル　カルチョ　ジュセヨ

使い方

旅行中、道がわからなくなったときに使える丁寧な表現だよ。

単語の解説

길 名 道（キル）

가르치다 動 教える（カルチダ）

말씀 名 お言葉（マルスム）

묻다 動 たずねる（ムッタ）

잃어버리다 動 なくす（イロボリダ）

ちょっとおたずねします

말씀 좀 묻겠습니다.

マルスム　チョム　ムッケッスムニダ

道に迷いました

길을 잃어버렸습니다.

キルル　イロボリョッスムニダ

052

052

歩いて行こう

걸어가자.

コロガジャ

使い方

旅行で景色を見ながら歩きたいときに使える表現だよ。

単語の解説

걸어가다（コロガダ） 動 歩いて行く
가다（カダ） 動 行く
택시（テクシ） 名 タクシー
타다（タダ） 動 乗る
버스（ポス） 名 バス

タクシーに乗ろうか?

택시 탈까?

テクシ　タルカ

バスに乗って行こう

버스 타고 가자.

ポス　タゴ　カジャ

053

053

トイレどこですか？

화장실 어디예요?

ファジャンシル　オディエヨ

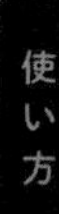

旅行先でトイレに行きたくなったときに使える表現。어디예요?（オディエヨ）で「どこですか？」という意味だよ。

単語の解説

- **화장실**（ファジャンシル）名 トイレ
- **지하철**（チハチョル）名 地下鉄
- **역**（ヨク）名 駅
- **가깝다**（カッカプタ）形 近い
- **공항**（コンハン）名 空港

地下鉄の駅は近いですか？

지하철 역은 가까워요?

チハチョル　ヨグン　カッカウォヨ

空港までどう行きますか？

공항까지 어떻게 가요?

コンハンッカジ　オットケ　カヨ

054

054

ファンです

팬이에요.

ペニエヨ

使い方

최애(チュエエ)「推し」のグッズを買うときに使える表現だよ。

単語の解説

팬(ペン) 名 ファン
최애(チュエエ) 名 最愛、推し
응원하다(ウンウォナダ) 動 応援する
빠지다(ッパジダ) 動 落ちる、溺れる

応援しています

응원해요.

ウンウォネヨ

夢中です

빠졌어요.

ッパジョッソヨ

055

人気があるよ

인기가 있어.

インキガ　イッソ

使い方

話題の場所やものについて使える表現だよ。

単語の解説

인기（インキ） 名 人気
넘버원（ノムボウォン） 名 ナンバーワン
소문나다（ソムンナダ） 動 うわさが立つ

人気ナンバーワンだよ

인기 넘버원이야.

インキ　ノムボウォニャ

うわさになっているよ

소문났어.

ソムンナッソ

056

056

もっと大きいものないですか？

더 큰 것 없어요?

ト　クン　ゴッ　オプソヨ

使い方

洋服屋さんなどで、ちがうサイズがほしいときに使える表現だよ。「もっと小さいもの」は더 작은 것（ト チャグン ゴッ）と言うよ。

単語の解説

- **더**（ト）副 もっと
- **것**（コッ）名 もの
- **작다**（チャクタ）形 小さい
- **너무**（ノム）副 あまりにも、とても
- **사이즈**（サイジュ）名 サイズ

大きすぎます

너무 커요.

ノム　コヨ

サイズが合いません

사이즈가 안 맞아요.

サイジュガ　アン　マジャヨ

057

057

10万ウォンは高いです

10만원은 비싸요.

シムマヌォヌン　ピッサヨ

使い方

「高すぎて買えない」と言いたいときに使えるよ。値引き交渉をするときに使ってみよう。

単語の解説

- 만（マン） 数 万、10000
- 원（ウォン） 名 ウォン
- 비싸다（ピッサダ） 形 高い
- 사다（サダ） 動 買う
- 깎다（ッカッタ） 動 削る、値切る

高くて買えません

비싸서 못 사요.

ピッサソ　モッ　サヨ

まけてください

깎아 주세요.

ッカッカ　ジュセヨ

058

058

趣味じゃないな

내 스타일이 아니야.

ネ　スタイリ　アニヤ

使い方

「自分には合わないなあ」と思ったときに使える表現だよ。

単語の解説

내 代 私の
ネ

스타일 名 スタイル
スタイル

별로 副 たいして、さほど
ピョルロ

다르다 形 異なる
タルダ

색깔 名 色
セッカル

イマイチだな

별로네.

ピョルロネ

他の色はあるかな?

다른 색깔 있나?

タルン　セッカル　インナ

059

059

1つください

한 개 주세요.

ハン　ゲ　ジュセヨ

使い方

韓国語で、1つは하나（ハナ）、2つは둘（トゥル）、3つは셋（セッ）、4つは넷（ネッ）と言うよ。単位などがうしろにつくときは、それぞれ한（ハン）、두（トゥ）、세（セ）、네（ネ）と形が変わるよ。

単語の解説

- **-개**（ケ）名 ～個
- **주다**（チュダ）動 与える、あげる
- **열**（ヨル）数 10、十
- **필요하다**（ピリョハダ）形 必要だ
- **다**（タ）副 全部

10個必要です

열 개 필요해요.

ヨル　ケ　ピリョヘヨ

全部ください

다 주세요.

タ　ジュセヨ

060

060

センスあるね！

센스쟁이!

センスジェンイ

使い方

ファッションについてだけでなく、だれかがおもしろい冗談を言ったときにも使える表現だよ。

単語の解説

- **센스**（センス）名 センス
- **-쟁이**（ジェンイ） ～な人
- **잘**（チャル）副 よく、うまく
- **사다**（サ ダ）動 買う
- **실패**（シル ペ）名 失敗

いい買い物をしたね

잘 샀네.

チャル　サンネ

失敗だ

실패야.

シルペヤ

061

061

写真撮って

사진 찍어 줘.

サジン　ッチゴ　ジュォ

使い方

友達に自分の写真を撮ってもらいたいときにお願いする表現だよ。

単語の解説

사진（サジン） 名 写真
찍다（ッチクタ） 動 撮る
같이（カチ） 副 一緒に
웃다（ウッタ） 動 笑う

一緒に撮ろう

같이 찍자.

カチ　ッチクチャ

笑って

웃어.

ウソ

062

062

そろそろ行かないと

슬슬 가야 해.

スルスル　カヤ　ヘ

使い方

出発する時間になったことを伝えるときに使える表現だよ。

単語の解説

- 슬슬（スルスル） 副 そろそろ
- 가다（カダ） 動 行く
- 아직（アジク） 副 まだ
- 시간（シガン） 名 時間
- 천천히（チョンチョニ） 副 ゆっくり

まだ時間があるよ

아직 시간 있어.

アジク　シガン　イッソ

ゆっくり行こう

천천히 가자.

チョンチョニ　カジャ

063

063

何時に出発しようか？

몇 시에 출발할까?

ミョッ　シエ　チュルバラルカ

使い方

スケジュールを確認するときに使える表現だよ。몇(ミョッ)は「何」の意味。「何人」は몇 명(ミョン ミョン)、「何個」は몇 개(ミョッ ケ)と言うよ。

単語の解説

- **몇 시**(ミョッ シ) 何時
- **출발하다**(チュルバラダ) 動 出発する
- **언제**(オンジェ) 代 いつ
- **나가다**(ナガダ) 動 出る
- **오후**(オフ) 名 午後

いつ出ようか？

언제 나갈까?

オンジェ　ナガルカ

午後に行こう

오후에 가자.

オフエ　カジャ

064

064

時間がないよ

시간이 없어.

シガニ　オプソ

使い方

急いでいるときに使える表現だよ。「時間が（시간이）あります（있어요）／ありません（없어요）」は覚えておくと便利だよ。

単語の解説

시간（シガン） 名 時間
없다（オプタ） 形 ない
남다（ナムタ） 動 余る、残る
늦다（ヌッタ） 形 遅い

時間が余った

시간이 남았어.

シガニ　ナマッソ

遅かったよ

늦었어.

ヌジョッソ

065

065

ここから遠いですか?

여기서 멀어요?

ヨギソ　モロヨ

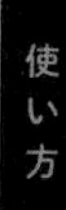
使い方

どこかへ行くのにかかる時間や距離を知りたいときに使える表現だよ。

単語の解説

여기（ヨギ） 代 ここ
멀다（モルダ） 形 遠い
너무（ノム） 副 とても
가깝다（カッカプタ） 形 近い
걸리다（コルリダ） 動 かかる（時間など）

すごく近いですよ

너무 가까워요.

ノム　カッカウォヨ

時間がかかります

시간이 걸려요.

シガニ　コルリョヨ

066

066

天気がいいね

날씨가 좋네.

ナルシガ　チョンネ

使い方

天気について話すときに使える表現だよ。

単語の解説

- 날씨（ナルシ）名 天候
- 비（ピ）名 雨
- 오다（オダ）動 降る
- 바람（パラム）名 風
- 세다（セダ）形 強い

雨がたくさん降っているね

비가 많이 오네.

ピガ　マニ　オネ

風が強すぎるよ

바람이 너무 세.

パラミ　ノム　セ

067

067

疲れたよ

피곤해.

ピゴネ

使い方

旅行で疲れてきたときに言ってみよう。힘들어.（ヒムドゥロ）も同じように使えるよ。

単語の解説

피곤하다（ピゴナダ） 形 疲れている
힘들다（ヒムドゥルダ） 形 大変だ
쉬다（シュィダ） 動 休む
다리（タリ） 名 脚
아프다（アプダ） 形 痛い

休みたい

쉬고 싶어.

シュィゴ　シポ

脚が痛いよ

다리가 아파.

タリガ　アパ

068

見学したいな

구경하고 싶어.

クギョンハゴ　シポ

使い方

見学したいときやお店で何かを見せてもらいたいとき（仲が良い相手）に使える表現だよ。

単語の解説

구경하다 動 見学する
クギョンハダ

쇼핑 名 買い物、ショッピング
ショピン

콘서트 名 コンサート
コンソトゥ

買い物したいよ

쇼핑하고 싶어.

ショピンハゴ　シポ

コンサートに行きたいよ

콘서트 가고 싶어.

コンソトゥ　カゴ　シポ

069

069

偽物じゃないの？

가짜 아니야?

カッチャ　アニヤ

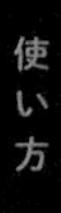

買い物のときに使える表現だよ。「偽物」や「ぱちもの」は가짜（カッチャ）のほか、짝퉁（ッチャクトゥン）という言い方もあるよ。

単語の解説

가짜（カッチャ）名 偽物
사기꾼（サギックン）名 詐欺師
바가지(를) 쓰다（パガジ(ルル) ッスダ）ぼられる、ぼったくられる

詐欺師だね

사기꾼이네.

サギックニネ

ぼられた

바가지 썼어.

パガジ　ッソッソ

070

070

ここで降ります

여기서 내려요.

ヨギソ　ネリョヨ

使い方

バスや電車などを降りるときに使える表現だよ。「降ろしてください」は내려 주세요.(ネリョ ジュセヨ)だよ。

単語の解説

- **내리다**(ネリダ) 動 降りる
- **다음**(タウム) 名 次
- **역**(ヨク) 名 駅
- **-까지**(ッカジ) 助 ～まで
- **갈아타다**(カラタダ) 動 乗り換える

次の駅まで行きます

다음 역까지 가요.

タウム　ヨッカジ　カヨ

乗り換えないといけません

갈아타야 해요.

カラタヤ　ヘヨ

071

071

宅配で送ってください

택배로 보내 주세요.

テクペロ　ポネ　ジュセヨ

使い方

お店から荷物を送ってほしいときに使える表現だよ。「配達してほしい」は배달해 주세요.（ペダレ ジュセヨ）と言うよ。

単語の解説

- 택배（テクペ） 名 宅配
- 보내다（ポネダ） 動 送る
- 포장하다（ポジャンハダ） 動 包装する
- 선물（ソンムル） 名 プレゼント
- 받다（パッタ） 動 受ける、〜される

包んでください

포장해 주세요.

ポジャンヘ　ジュセヨ

プレゼントもらったよ

선물 받았어.

ソンムル　パダッソ

Chapter 4

恋愛・
ファッション

072

072

週末は何をするの?

주말은 뭘 해?

チュマルン ムォ レ

使い方

相手の予定を知りたいときに使える表現だよ。今日何をするか聞きたいときは오늘(オヌル)「今日」、「明日」なら내일(ネイル)だよ。

単語の解説

- **내일**(ネイル) 名 明日
- **뭘**(ムオル) 何を
- **같이**(カチ) 副 一緒に
- **영화**(ヨンファ) 名 映画
- **드라이브**(トゥライブ) 名 ドライブ

一緒に映画を見ようか?

같이 영화 볼까?

カチ ヨンファ ポルカ

ドライブに行こうか?

드라이브 갈까?

トゥライブ カルカ

073

073

約束あるんだ

약속 있어.

ヤクソ　ギッソ

使い方

先約があるときには、相手にこう伝えよう。誘いをそれとなく断るときにも使えるよ。

単語の解説

약속 名 約束
ヤクソク

데이트 名 デート
テイトゥ

아무것도 何も
アムゴッ

明日はデートをするよ

내일은 데이트해.

ネイルン　テイトゥへ

何もないよ

아무것도 없어.

アムゴッ　オプソ

074

074

連絡ください

연락 주세요.

ヨルラク　チュセヨ

使い方

相手に連絡をもらいたいときに使える表現だよ。連絡先を教えたら言ってみよう。

単語の解説

연락 名 連絡
ヨルラク

메시지 名 メッセージ
メシジ

보내다 動 送る
ポネダ

전화번호 名 電話番号
チョヌァボノ

알리다 動 知らせる
アルリダ

メッセージを送ってね

메시지 보내 줘.

メシジ　ポネ　ジュォ

電話番号を教えて

전화번호 알려 줘.

チョヌァボノ　アルリョ　ジュォ

075

遅れてごめん

늦어서 미안해.

ヌジョソ　ミアネ

使い方

遅刻してしまって相手に謝るときに使える表現だよ。「遅れちゃった」だけなら늦었어.（ヌジョッソ）と言うよ。

単語の解説

- 늦다（ヌッタ） 動 遅れる
- 미안하다（ミアナダ） 形 すまない
- 언제（オンジェ） 代 いつ
- 오래（オレ） 副 長く
- 기다리다（キダリダ） 動 待つ

いつ来たの？

언제 왔어?

オンジェ　ワッソ

長く待ったでしょ？

오래 기다렸지?

オレ　キダリョッチ

076

076

お見合いデートしたんだ

소개팅 했어.

ソゲティン　ヘッソ

使い方

소개(ソゲ)は「紹介」の意味。소개팅(ソゲティン)は紹介＋ミーティングの造語だよ。

単語の解説

소개팅(ソゲティン) 名 紹介で会うこと
우연히(ウヨニ) 副 偶然に
친구(チング) 名 友達
소개(ソゲ) 名 紹介
-시키다(シキダ) 〜させる

偶然知り合ったよ

우연히 알게 됐어.

ウヨニ　アルゲ　ドゥェッソ

友達を紹介して

친구 소개시켜 줘.

チング　ソゲシキョ　ジュォ

077

077

二人は付き合ってるのかな？

둘이 사귀어?

トゥリ　サグィオ

使い方

仲のよさそうな二人に対して冗談っぽく言える表現だよ。

単語の解説

둘이 名 二人
トゥリ
사귀다 動 付き合う
サグィダ
남자 친구 名 彼氏
ナムジャ チング
애인 名 恋人
エイン
생기다 動 できる、生じる
センギダ

彼氏なの？

남자 친구야?

ナムジャ　チングヤ

恋人ができたの？

애인 생겼어?

エイン　センギョッソ

078

078

性格がいいね

성격이 좋아.

ソンキョギ　チョア

使い方

誰かをほめるときに使える表現だよ。착한(チャカン) 사람(サラム)「いい人」という言い方もよく使われるよ。

単語の解説

성격(ソンキョク) 名 性格
착하다(チャカダ) 形 善良だ、優しい
사람(サラム) 名 人
인상(インサン) 名 印象
느낌(ヌッキム) 名 感じ

印象がいいね

인상이 좋아.

インサンイ　チョア

感じがいいね

느낌이 좋아.

ヌッキミ　チョア

079

079

私たち、別れたの

우리 헤어졌어.

ウリ　ヘオジョッソ

使い方

우리(ウリ)は「私たち」という意味。このほか、「もう会っていないです」이제 안 만나요.(イジェ アン マンナヨ)という言い方もあるよ。

単語の解説

헤어지다(ヘオジダ) 動 別れる

이제(イジェ) 副 もう

차이다(チャイダ) 動 ふられる

끝나다(ックンナダ) 動 終わる

私、ふられたの

나 차였어.

ナ　チャヨッソ

私たち、終わったよ

우리 끝났어.

ウリ　ックンナッソ

080

080

好きだよ

좋아해.

チョアヘ

使い方

相手に好きな気持ちを伝えたいときの表現だよ。「好きなんだってば！」は좋아한다고~!（チョアハンダゴ）と言うよ。

単語の解説

좋아하다（チョアハダ） 動 好きだ、好む

사랑하다（サランハダ） 動 愛する

소중하다（ソジュンハダ） 形 大切だ

愛してるよ

사랑해.

サランへ

大切だよ

소중해.

ソジュンへ

081

081

彼に告白したんだ

그에게 고백했어.

クエゲ　コベケッソ

使い方

고백(コベク)は「告白」という意味だよ。「彼女に」は그녀에게(クニョエゲ)と言うよ。

単語の解説

그(ク) 代 彼

고백하다(コベカダ) 動 告白する

그녀(クニョ) 代 彼女

마음(マウム) 名 気持ち

받다(パッタ) 動 受ける、～される

私の気持ちわかるよね？

내 마음 알지?

ネ　マウム　アルジ

プロポーズされたよ

프로포즈 받았어.

プロポジュ　パダッソ

082

082

会ってから1年経ちました

만난 지 일 년 됐어요.

マンナン　ジ　イルリョン　トゥェッソヨ

使い方

「付き合ってから１年」と言いたいときに使える表現だよ。

単語の解説

- 만나다（マンナダ） 動 会う
- -(으)ㄴ 지（（ウ）ン ジ） ～してから
- 일 년（イルリョン） 1年
- -일째（イルチェ） ～日目
- 커플（コプル） 名 カップル

100日目です

100 [백] 일째예요.

ペギルチェエヨ

カップルです

커플이에요.

コプリエヨ

083

083

めっちゃかわいい

귀여워 죽겠어.

クィヨウォ　チュッケッソ

使い方

直訳すると、「かわいくて死にそう」の意味だよ。とてもかわいいことを伝えたいときに使おう。

単語の解説

귀엽다（クィヨプタ） 形 かわいい

죽다（チュクタ） 動 死ぬ

멋있다（モシッタ） 形 かっこいい

배우（ペウ） 名 俳優

같다（カッタ） 形 （～の）ようだ

ほんとかっこいい

진짜 멋있어.

チンッチャ　モシッソ

俳優みたい

배우 같아.

ペウ　ガタ

084

084

昨日ケンカしたんだ

어제 싸웠어.

オジェ　ッサウォッソ

使い方

グチを聞いてほしいときに使える表現だよ。「彼氏とケンカしちゃった」なら、남친이랑 싸웠어.（ナムチニラン ッサウォッソ）だよ。

単語の解説

어제（オジェ） 名 昨日

싸우다（ッサウダ） 動 ケンカをする

남친（ナムチン） 名 남자 친구(彼氏)の略語

짜증（ッチャジュン） 名 嫌気、いらだち

나다（ナダ） 動 出る

むかつく

짜증 나.

ッチャジュン　ナ

気分がよくないよ

기분이 별로야.

キブニ　ピョルロヤ

085

085

今日は楽しかったよ

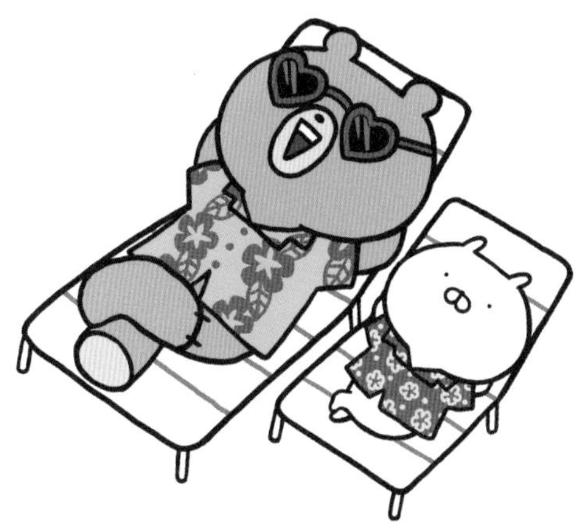

오늘 즐거웠어.

オヌル　チュルゴウォッソ

使い方

楽しかった1日の終わりに相手に伝えたい表現だね。こう言われたら、나도.（ナド）「私も」などと返そう。

単語の解説

오늘（オヌル） 名 今日
즐겁다（チュルゴプタ） 形 楽しい
나（ナ） 代 私
보내다（ポネダ） 動 過ごす
더（ト） 副 もっと

いい時間を過ごしたよ

좋은 시간 보냈어.

チョウン　シガン　ポネッソ

もっと一緒にいたい

더 같이 있고 싶어.

ト　カチ　イッコ　シポ

086

086

よく似合うね

ナイスバデッ

잘 어울려.

チャル　オウルリョ

使い方

服装や髪型などをほめるときに使う表現だよ。

単語の解説

잘 副 よく
チャル

어울리다 動 似合う
オウルリダ

딱 副 ぴったり
ッタク

맞다 動 合う
マッタ

완벽하다 形 完璧だ
ワンビョカダ

ぴったりだね

딱 맞네.

ッタク　マンネ

完璧だね

완벽해.

ワンビョケ

087

087

いい感じだね

보기 좋네.

ポギ　チョンネ

使い方

見た目がいい＝仲が良さそう、という意味の表現だよ。仲良しの友達同士やカップルに伝えたい表現だね。

単語の解説

보기（ポギ） 名 見た目
좋다（チョタ） 形 良い
사이좋다（サイジョタ） 形 仲がよい
관계（クァンゲ） 名 関係

仲がいいね

사이좋네.

サイジョンネ

いい関係だよ

좋은 관계야.

チョウン　クァンゲヤ

088

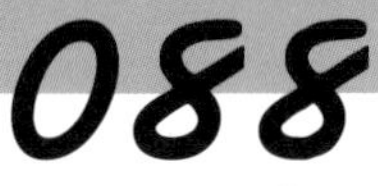

涙が出るよ

눈물이 나.

ヌンムリ　ナ

使い方

悲しいときや感動したとき、気持ちが溢れそうになったときに使える表現だよ。

単語の解説

눈물 名 涙
ヌンムル

나다 動 出る
ナ ダ

울다 動 泣く
ウル ダ

우울하다 形 ゆううつだ
ウ ウ ラ ダ

泣かないで

울지 마.

ウルジ　マ

ゆううつだ

우울해.

ウウレ

089

089

忙しい?

바빠?

パッパ

使い方

相手の様子がわからないとき、メッセージなどで使える表現だよ。「忙しくないよ」と返事したいときは안 바빠.(アン パッパ)と言うよ。

単語の解説

바쁘다(パップダ) 形 忙しい

시간(シガン) 名 時間

되다(トゥェダ) 動 なる

놀다(ノルダ) 動 遊ぶ

時間あるの?

시간 돼?

シガン ドゥェ

遊んでよ

놀아 줘.

ノラ ジュオ

090

090

返事がないね

답장이 없어.

タプチャンイ　オプソ

使い方

メッセージを送った相手から返事がないときなどに使える表現だよ。

単語の解説

답장 名 返事、返信
タプチャン

반응 名 反応
パヌン

무시하다 動 無視する
ムシハダ

反応がないね

반응이 없어.

パヌンイ　オプソ

無視しないで

무시하지 마.

ムシハジ　マ

091

091

幸せ

행복해.

ヘンボケ

使い方

大切な人と過ごすときだけでなく、おいしいものを食べたときや旅行先などでも使いたい表現だね。

単語の解説

행복하다 形 幸せだ
ヘンボカダ

기쁘다 形 うれしい
キップダ

가슴 名 胸
カスム

두근두근 副 どきどき
トゥグンドゥグン

うれしいです

기뻐요.

キッポヨ

胸がどきどきするよ

가슴이 두근두근해.

カスミ　トゥグンドゥグネ

092

092

髪型変えたの？

머리스타일 바꿨어?

モリスタイル　パックォッソ

使い方

相手の髪型の変化に気づいたらさりげなく伝えよう。머리（モリ）は「頭」「髪」の意味だよ。헤어스타일（ヘオスタイル）でも OK。

単語の解説

- **머리스타일**（モリスタイル） 名 髪型
- **바꾸다**（パックダ） 動 変える
- **분위기**（プヌィギ） 名 雰囲気
- **바뀌다**（パックィダ） 動 変わる
- **미용실**（ミヨンシル） 名 美容院

雰囲気が変わったね

분위기 바뀌었네.

プヌィギ　パックィオンネ

美容院に行ったの？

미용실 갔어?

ミヨンシル　カッソ

Chapter 5

学校・行事

093

093

友達と会ったよ

친구랑 만났어.

チングラン　マンナッソ

使い方

「何してたの」という質問に対して使える表現だよ。

単語の解説

친구 名 友達
チング

만나다 動 会う
マンナダ

운동하다 動 運動する
ウンドンハダ

게임 名 ゲーム
ケイム

運動したよ

운동했어.

ウンドンヘッソ

ゲームしたよ

게임했어.

ケイメッソ

094

094

明日試験があるんだ

내일 시험 있어.

ネイル　シホ　ミッソ

使い方

周りの人たちに「試験があるんだよ」と言いたいときに使える表現。

単語の解説

내일 名 明日
ネイル

시험 名 テスト、試験
シホム

합격하다 動 合格する
ハプキョカダ

떨어지다 動 落ちる
ットロジダ

合格したよ

합격했어.

ハプキョケッソ

落ちちゃった

떨어졌어.

ットロジョッソ

095

つまらないよ

심심해.

シムシメ

使い方

「やることがなくて退屈だ」というときや、友達に遊んでほしいときに使える表現だよ。

単語の解説

심심하다 形
シムシマダ
つまらない、退屈だ

놀다 動 遊ぶ
ノルダ

재미없다 形
チェミオプタ
おもしろくない

遊びたいよ

놀고 싶어.
ノルゴ　シポ

おもしろくないよ

재미없어.
チェミオプソ

096

楽しく遊ぼう

신나게 놀자.

シンナゲ　ノルジャ

使い方

신나다（シンナダ）は「楽しくなる」の意味。「気分を上げていこう」という感覚で使える表現だよ。

単語の解説

- **신나다**（シンナダ）動 楽しくなる
- **-(으)러**（（ウ）ロ） 〜しに、〜するために
- **가다**（カダ）動 行く
- **노래방**（ノレバン）名 カラオケ

遊びに行こう

놀러 가자.

ノルロ　カジャ

カラオケに行こう

노래방 가자.

ノレバン　カジャ

097

097

先生に叱られちゃった

쌤한테 혼났어.

ッセマンテ　ホンナッソ

使い方

쌤（ッセム）は선생님（ソンセンニム）「先生」を短くした言い方。親しみをこめて言うといいよ。

単語の解説

- **쌤**（ッセム） 名 **선생님**（ソンセンニム）(先生)の略語
- **혼나다**（ホンナダ） 動 叱られる
- **반성**（パンソン） 名 反省
- **실수하다**（シルスハダ） 動 失敗する

反省中だよ

반성 중이야.

パンソン　チュンイヤ

失敗したなぁ

실수했어.

シルスヘッソ

098

098

一生懸命がんばるよ

열심히 할게.

ヨルシミ　ハルケ

使い方

열심히（ヨルシミ）は「一生懸命」という意味だよ。「がんばるよ」잘 할게.（チャラルケ）と言ってもいいよ。

単語の解説

열심히（ヨルシミ） 副 一生懸命に
잘하다（チャラダ） 動 うまくやる
대단하다（テダナダ） 形 すごい

がんばったね

잘했어.

チャレッソ

すごいね

대단해.

テダネ

099

099

午後にバイトがあるんだ

오후에 알바가 있어.

オフエ　アルバガ　イッソ

使い方

「アルバイト」（아르바이트）を省略して알바と言うよ。「午前」なら오전だよ。

単語の解説

- **오후**（オフ）名 午後
- **알바**（アルバ）名 アルバイト
- **수업**（スオプ）名 授業
- **모임**（モイム）名 集まり

授業に行かないと

수업에 가야 해.

スオベ　カヤ　ヘ

集まりがあるよ

모임이 있어.

モイミ　イッソ

100

100

勉強したくないよ

공부하기 싫어.

コンブハギ　シロ

使い方

勉強に疲れちゃったときに使える表現だよ。

単語の解説

공부하다 動 勉強する
コンブハダ

싫다 形 きらい、いやだ
シルタ

어제 名 昨日
オジェ

밤새 名 一晩中、夜通し
パムセ

방학 名 （学校の学期ごとの）休み
パンハク

昨日徹夜で勉強したんだ

어제 밤새 공부했지.

オジェ　パムセ　コンブヘッチ

明日から休みだよ

내일부터 방학이야.

ネイルブト　パンハギヤ

101

101

何の勉強をしていますか？

무슨 공부해요?

ムスン　コンブヘヨ

使い方

相手のことをもっと知りたいときに使おう。「何のお仕事をしていますか」は무슨 일 해요？（ムスン イル ヘ ヨ）と言うよ。

単語の解説

공부하다（コンブハダ） 動 勉強する

일（イル） 名 仕事、こと

전공（チョンゴン） 名 専攻

연구（ヨング） 名 研究

주제（チュジェ） 名 テーマ

専攻は何ですか？

전공이 뭐예요?

チョンゴンイ　ムォエヨ

研究のテーマは何ですか？

연구 주제가 뭐예요?

ヨング　チュジェガ　ムォエヨ

102

102

今出たよ

지금 나왔어.

チグム　ナワッソ

使い方

待ち合わせで「今、家を出たよ」とメッセージを送るときに使える表現だよ。

単語の解説

지금 名 今
チグム

나오다 動 出る
ナオダ

금방 副 すぐに
クムバン

끝나다 動 終わる
ックンナダ

아직 副 まだ
アジㇰ

すぐ終わるよ

금방 끝나.

クムバン　ックンナ

まだだよ

아직이야.

アジギヤ

103

103

クラスの友達だよ

반 친구야.

パン　チングヤ

使い方

同級生を紹介するときに使える表現。組やクラスのことを반(パン)「班」と言うよ。

単語の解説

친구(チング) 名 友達
고등학교(コドゥンハッキョ) 名 高等学校
후배(フベ) 名 後輩
분(ブン) 名 方、～さん
선배(ソンベ) 名 先輩

彼は高校の後輩だよ

그는 고등학교 후배야.

クヌン　コドゥンハッキョ　フベヤ

この方は会社の先輩です

이 분은 회사 선배예요.

イ　ブヌン　フェサ　ソンベエヨ

104

104

みんなでがんばろう!

다 같이 파이팅!

タ　ガチ　パイティン

使い方

かけ声として使える表現だよ。파이팅!(パイティン)や아자.(アジャ)という言い方もあるよ。

単語の解説

다(タ) 名 すべて、みんな
같이(カチ) 副 一緒に
파이팅(パイティン) 感 ファイト、がんばれ
힘내다(ヒムネダ) 動 がんばる
열심히(ヨルシミ) 副 一生懸命に

がんばれ

힘내라, 힘.

ヒムネラ　ヒム

一生懸命やってみよう

열심히 해 보자.

ヨルシミ　ヘ　ボジャ

105

105

最高だね

최고야.

チュェゴヤ

使い方

とても気に入ったものを見つけたときや、気分がいいときに使える表現だよ。

単語の解説

최고 名 最高
チュェゴ

죽이다 形 すごくいい（俗語）
チュギダ

짱 最高（俗語）
ッチャン

맛있다 形 おいしい
マシッタ

イケてる

죽인다.

チュギンダ

最高においしい

짱 맛있어.

ッチャン　マシッソ

106

106

あのさあ

있잖아.

イッチャナ

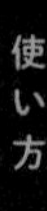
使い方

自然に会話を始めたいときに使える表現だよ。

単語の解説

- 있잖아（イッチャナ） あのさあ、ねえねえ
- 그건（クゴン） それは
- 혹시（ホクシ） 副 もしかして
- 그거（クゴ） 代 それ
- 알다（アルダ） 動 知る

それはそうと

그건 그렇고.

クゴン　クロコ

もしかして（それ）知ってる？

혹시 그거 알아?

ホクシ　クゴ　アラ

107

107

就職したよ

취직했어.

チュィジケッソ

使い方

進路の報告をするときに使える表現だよ。「仕事」は일(イル)、「就職」は취직(チュイジク)と言うよ。

単語の解説

취직 名 就職
チュィジク

일 名 仕事
イル

회사원 名 会社員
フェサウォン

공무원 名 公務員
コンムウォン

会社員だよ

회사원이야.

フェサウォニヤ

公務員だよ

공무원이야.

コンムウォニヤ

108

遅刻だ

지각이야.

チガギヤ

使い方

授業や待ち合わせの時間に遅れそうなときに言ってみよう。

単語の解説

- **지각**（チガク）名 遅刻
- **수업**（スオプ）名 授業
- **늦다**（ヌッタ）動 遅れる
- **늦잠**（ヌッチャム）名 寝坊、寝過ごすこと
- **자다**（チャダ）動 寝る

授業に遅れたよ

수업에 늦었어.

スオベ　ヌジョッソ

寝坊したよ

늦잠 잤어.

ヌッチャム　チャッソ

109

109

悩みがあるんだ

고민이 있어.

コミニ　イッソ

使い方

고민(コミン)は「悩み」の意味だよ。誰かに話を聞いてほしいときに使える表現だよ。

単語の解説

고민 名 悩み
コミン

말하다 動 言う
マラダ

다 副 全部
タ

듣다 動 聞く
トゥッタ

言ってみて

말해 봐.

マレ　ボァ

全部聞いてあげるよ

다 들어 줄게.

タ　トゥロ　ジュルケ

110

110

さあ、集まろう

자, 모이자.

チャ　モイジャ

使い方

자は「さあ」というかけ声。みんなを集めたいときにこう呼びかけよう。

単語の解説

- **자** 感 さあ（チャ）
- **모이다** 動 集まる（モイダ）
- **우리** 代 私たち（ウリ）
- **집** 名 家（チプ）
- **-(으)로** 助 ～まで、～へ（（ウ）ロ）

うちにおいでよ

우리 집으로 와.

ウリ　チブロ　ワ

一緒に行こう

같이 가자.

カチ　カジャ

111

111

冗談だよ

농담이야.

ノンダミヤ

使い方

自分が冗談（=농담〔ノンダム〕）を言ったあとに使える表現。相手のくだらない冗談には、「寒～！」썰렁!〔ッソルロン〕とつっこもう。

単語の解説

농담〔ノンダム〕 名 冗談

썰렁하다〔ッソルロンハダ〕 形 寒い、ひやりとする

뻥〔ッポン〕 名 うそ（俗語）

거짓말〔コジンマル〕 名 うそ

うそだよ

뻥이야.

ッポンイヤ

うそでしょ?

거짓말이지?

コジンマリジ

Chapter 6

いろいろ

112

112

早く早く！

빨리 빨리!

ツパルリ　ツパルリ

使い方

相手を急がせたいときに使う表現だよ。反対に「ゆっくりやって」と言うなら、천천히(チョンチョニ) 해(ヘ).だよ。

単語の解説

빨리 (ツパルリ) 副 早く
천천히 (チョンチョニ) 副 ゆっくり
얼른 (オルルン) 副 すぐ、早く
지금 (チグム) 名 今
당장 (タンジャン) 副 すぐ

早くして

얼른 해.

オルルン　ヘ

今、すぐ！

지금, 당장!

チグム　タンジャン

113

113

どうしたの？

웬일이야?

ウェンニリヤ

使い方

予想しなかったことが起きたときや、意外な人から連絡を受けたときなどに使える表現だよ。

単語の解説

웬일 (ウェンニル) 名 どういうこと、何事

이게 (イゲ) これは

뭐 (ムォ) 代 何

무슨 (ムスン) 冠 どんな

일 (イル) 名 こと

何これ？

이게 뭐야?

イゲ　ムォヤ

何かあったの？

무슨 일이야?

ムスン　ニリヤ

114

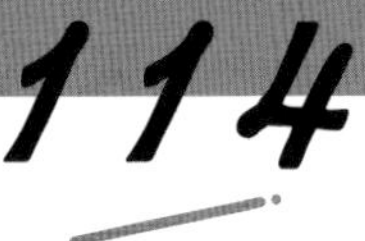

無理だ

무리야.

ムリヤ

使い方

日本語と同じ発音で覚えやすいよ。무리(ムリ)!だけでもいいよ。

単語の解説

무리(ムリ) 名 無理

못(モッ) 副 ～できない（動詞の前について不可能を表す）

안 되다(アン ドゥェダ) 動 うまくいかない

できないよ

못 해.

モ テ

だめだよ（うまくいかないの意）

안 돼.

アン ドゥェ

何だって？

뭐라고?

ムォラゴ

使い方

「何だって！？」と少し強く言う場合にも使えるよ。

単語の解説

- **듣다**（トゥッタ） 動 聞く
- **다시**（タシ） 副 再度
- **한번**（ハンボン） 名 一度

聞こえなかった

못 들었어.

モッ トゥロッソ

もう一度言ってみて

다시 한번 말해 줘.

タシ　ハンボン　マレ　ジュォ

116

116

落ち着いて

진정해.

チンジョンヘ

使い方

カッとなって興奮している人や怒っている人に対して使える表現だよ。

単語の解説

- **진정하다**（チンジョンハダ） 動 落ち着く
- **정신**（チョンシン） 名 精神
- **차리다**（チャリダ） 動 集中する
- **흥분하다**（フンブナダ） 動 興奮する

しっかりして

정신 차려.

チョンシン　チャリョ

興奮しないで

흥분하지 마.

フンブナジ　マ

117

117

賛成

찬성.

チャンソン

使い方

「あなたの言うとおり」と相手に同意するときに使う表現だよ。
「反対」だったら반대(パンデ).だよ。

単語の解説

찬성(チャンソン) 名 賛成
반대(パンデ) 名 反対
같다(カッタ) 形 同じだ
생각(センガク) 名 考え、思い

そうだね

그러네.

クロネ

同じ考えだよ

같은 생각이야.

カトゥン　センガギヤ

118

118

どうしよう

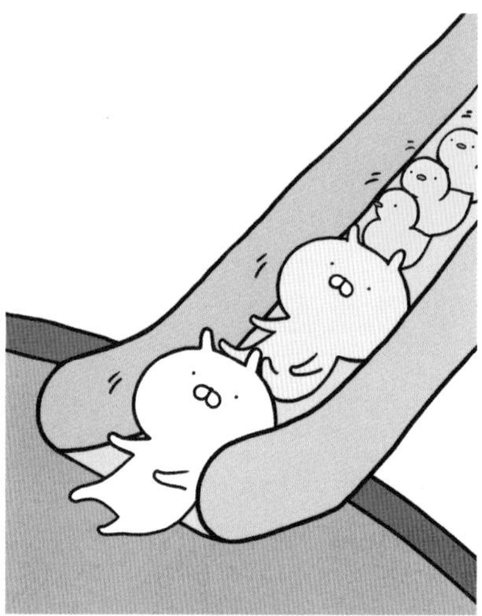

어떡해.

オットケ

使い方

驚いたときや困ったときに使える表現だよ。語尾をのばし気味にして「オットケ～」と言うと気持ちがよく伝わるよ。

単語の解説

어떡하다（オットカダ） 動 どうする

아이고（アイゴ） 感 驚いたときなどに使う

곤란하다（コルラナダ） 形 困る、困難だ

うわあ

아이고.

アイゴ

困ったな

곤란해.

コルラネ

119

119

複雑だ

복잡해.

ポクチャペ

使い方

難しい状況にあるときに言ってみよう。反対の意味の「簡単だ」は간단해.（カンダネ）または쉬워.（シュィウォ）と言うよ。

単語の解説

- 복잡하다（ポクチャパダ） 形 複雑だ
- 간단하다（カンダナダ） 形 簡単だ
- 쉽다（シュィプタ） 形 易しい
- 어렵다（オリョプタ） 形 難しい
- 애매하다（エメハダ） 形 曖昧だ

難しいよ

어려워.

オリョウォ

何とも言えない

애매해.

エメヘ

120

120

うるさいな

시끄러워.

シックロウォ

使い方

集中したいときに使える表現だよ。人に対して言うのは難しいときもあるけれど、独り言なら大丈夫。

単語の解説

시끄럽다 形 うるさい
シックロプタ

소리 名 音
ソリ

크다 形 大きい
クダ

그만하다 動 やめる
クマナダ

音が大きいです

소리가 커요.

ソリガ　コヨ

やめて

그만해.

クマネ

121

121

自信あるよ

자신 있어.

チャシ　ニッソ

使い方

誰かに「自信があるからまかせて」と言いたいときに使える表現だよ。

単語の解説

자신 名 自信
チャシン

확실하다 形 確実だ
ファクシラダ

믿다 動 信じる
ミッタ

確実だよ

확실해.

ファクシレ

私を信じて

나를 믿어.

ナルル　ミド

122

122

もう？

벌써?

ポルソ

使い方

別れが惜しいときなどに、벌써 가요?(ポルソ カヨ)「もう行くの？」のように使えるよ。

単語の解説

- **벌써**(ポルソ) 副 もう、もはや
- **가다**(カダ) 動 行く
- **또**(ット) 副 また
- **아직**(アジク) 副 まだ

また？

또?

ット

まだ？

아직이야?

アジギヤ

123

123

正解！

정답!

チョンダプ

使い方

「正解」という意味だよ。딩동댕（ティンドンデン）「ピンポーン」と言ってもいいよ。

単語の解説

정답（チョンダプ） 名 正解

딩동댕（ティンドンデン） 副 正解や当たりを知らせる音

맞다（マッタ） 動 合う

땡（ッテン） 副 不正解やはずれを知らせる音

合っています

맞습니다.

マッスムニダ

ブー！（不正解）

땡!

ッテン

124

124

びっくりした

깜짝이야.

ッカムチャギヤ

使い方

急に何かに遭遇して驚くときに使える表現だよ。깜짝は「びっくり」の意味を表す副詞で、動詞の놀라다（ノルラダ）と一緒に使えるよ。

単語の解説

깜짝（ッカムチャク） 副 びっくり

놀라다（ノルラダ） 動 驚く

정말（チョンマル） 副 本当に

놀래다（ノルレダ） 動 驚かせる

本当にびっくりしたよ

정말 깜짝 놀랐어.

チョンマル　ッカムチャク　ノルラッソ

驚かさないで

놀래지 마.

ノルレジ　マ

125

125

なんでそんなことしたの？

왜 그랬어?

ウェ　グレッソ

使い方

過去のことについて理由を聞く表現。大人が子供に対して使うことも多いよ。

単語の解説

왜 副 なぜ
ウェ

그렇다 形 その通りだ
クロタ

어이없다 形 あきれる
オイオプタ

이해 名 理解
イヘ

안되다 動 できない
アンドゥェダ

あきれたよ

어이없어.

オイオプソ

理解できない

이해가 안돼.

イヘガ　アンドゥェ

126

もちろんです

물론이죠.

ムルロニジョ

使い方

「おまかせください」と言うときなど、相手に強く同意するときに使える表現だよ。

単語の解説

물론 副 もちろん
ムルロン

당연하다 形 当たり前だ、当然だ
タンヨナダ

문제 名 問題
ムンジェ

없다 形 ない
オプタ

当然です

당연하죠.

タンヨナジョ

問題ないです

문제 없어요.

ムンジェ　オプソヨ

127

忘れちゃった

잊어버렸어.

イジョボリョッソ

使い方

何かを思い出せないときや、何かを持ってくるのを忘れたときなどに使えるよ。

単語の解説

잊어버리다 動 忘れる
イジョボリダ

지갑 名 財布
チガプ

잃어버리다 動 なくす
イロボリダ

기억 名 記憶
キオク

財布をなくしちゃった

지갑을 잃어버렸어.

チガブル　イロボリョッソ

記憶がないよ

기억이 없어.

キオギ　オプソ

128

128

やった～

아싸.

アッサ

使い方

こぶしを上げて「やった」と叫びたいときにうってつけの表現だよ。目上の人の前ではやめておこうね。

単語の解説

아싸 感 やった
アッサ

신나다 動 楽しくなる
シンナダ

최고 名 最高
チュエゴ

楽しいな

신난다.

シンナンダ

最高

최고.

チュエゴ

129

129

しかたないね

할 수 없지.

ハル ス オプチ

使い方

「しょうがない」と言いたいときに使う表現だよ。独り言でも使えるよ。

単語の解説

할 수 없다 しかたない
ハル ス オプタ

포기하다 動 あきらめる
ポギハダ

あきらめよう

포기하자.

ポギハジャ

もうやめよう

그만하자.

クマナジャ

130

130

急に思い出した

갑자기 생각났어.

カプチャギ　センガンナッソ

急用など、何かを思い出したときに使える表現だよ。

単語の解説

갑자기 副 突然
カプチャギ

생각나다 動 思い出す
センガンナダ

중요하다 形 重要だ
チュンヨハダ

일 名 用事
イル

급하다 形 急だ
クパダ

重要な用があるんだ

중요한 일이 있어.

チュンヨハン　ニリ　イッソ

急用ができたよ

급한 일이 생겼어.

クパン　ニリ　センギョッソ

131

131

誰ですか？

누구예요?

ヌグエヨ

使い方

知らない人について他の誰かにたずねるときの表現だよ。直接相手に聞く場合は、尊敬表現を使って누구세요?（ヌグセヨ）と言おう。

単語の解説

누구（ヌグ） 代 誰

뭐（ムォ） 代 何

언제（オンジェ） 代 いつ

何ですか？

뭐예요?

ムォエヨ

いつですか？

언제요?

オンジェヨ

132

先に行くよ

먼저 간다.

モンジョ　カンダ

使い方

自分が先に行くことを伝えるときに使う表現。「お先にどうぞ（行ってください）」は먼저 가세요.（モンジョ カセヨ）と言うよ。

単語の解説

먼저（モンジョ） 副 先に
가다（カダ） 動 行く
이따(가)（イッタ（ガ）） 副 あとで
보다（ポダ） 動 会う
바로（パロ） 副 すぐ

あとで会おう

이따 봐.

イッタ　ポァ

今すぐ行きます

지금 바로 가요.

チグム　パロ　カヨ

133

133

よろしくお願いします

잘 부탁해요.

チャル　プタケヨ

使い方

人にお願いするときに使う表現だよ。부탁해요.(プタケヨ)だけでも使えるよ。

単語の解説

잘(チャル) 副 よく
부탁하다(プタカダ) 動 お願いする
기대하다(キデハダ) 動 期待する
기다리다(キダリダ) 動 待つ

楽しみにしています

기대하고 있어요.

キデハゴ　イッソヨ

待っていますね

기다릴게요.

キダリルケヨ

134

134

毎日その歌を聞きます

매일 그 노래 들어요.

メイル　ク　ノレ　トゥロヨ

使い方

お気に入りの歌について相手に伝えるときに使える表現だよ。

単語の解説

매일（メイル） 名 毎日　그（ク） 冠 その
노래（ノレ） 名 歌　듣다（トゥッタ） 動 聞く
가끔（カックム） 副 ときどき
책（チェク） 名 本　읽다（イクタ） 動 読む
항상（ハンサン） 副 いつも

ときどきその本を読みます

가끔 그 책을 읽어요.

カックム　ク　チェグル　イルゴヨ

いつもこのお菓子を食べます

항상 이 과자를 먹어요.

ハンサン　イ　クァジャルル　モゴヨ

135

はずかしいよ

부끄러워.

プックロウォ

使い方

短くして부끄（ブック）.「はずかしー」のように使われることもあるよ。

単語の解説

- **부끄럽다**（プックロプタ） 形 はずかしい
- **쑥스럽다**（ッスクスロプタ） 形 照れくさい
- **어색하다**（オセカダ） 形 気まずい

照れるよ

쑥스러워.

ッスクスロウォ

気まずいよ

어색해.

オセケ

136

おかしいな

이상해.

イサンへ

使い方

이상（イサン）は「異常」の意味。思っていたのとちがう、修正が必要かも、という状況で使う表現だよ。

単語の解説

이상하다（イサンハダ） 形 おかしい、異常だ

이거（イゴ） 代 これ

뭐（ムォ） 代 何

뭔지（ムォンジ） 何だか

これ何だろう?

이거 뭐지?

イゴ　ムォジ

何が何だかわからないよ

뭐가 뭔지 모르겠어.

ムォガ　ムォンジ　モルゲッソ

ハングルのきほん

韓国語の文字「ハングル」は
一見すると難しく感じますよね。

ですが、その形や組み合わせを覚えれば
少しずつですが読めるようになります。
ぜひチャレンジしてみてください。

次ページへGO!!

日本語に似ている「ハングル」

ハングルは日本語をローマ字表記した場合と同じように、子音と母音の組み合わせでできています。実は語順も日本語と似ているので、英語やフランス語、中国語に比べると学びやすいと言われています。

基本となる10個の母音と、同じく10個の子音の組み合わせを覚えてしまえば、ハングルがぐっと読めるようになります。

パッチム

ハングルの特徴的なものに「パッチム」があります。基本的に「子音＋母音」でハングルはできていますが、それに加えて「子音＋母音＋パッチム（子音）」で文字を作ります。パッチムは必ず下に付けると覚えましょう。

組み合わせ

子音と母音は次の4つの組み合わせがあります。

①横の組み合わせ

例　子音「ㄱ」(k/g) ＋ 母音「ㅏ」(a) ＝「가」(か)

②縦の組み合わせ

例　子音「ㄱ」(k/g) ＋ 母音「ㅗ」(o) ＝「고」(こ)

③横＋パッチムの組み合わせ

例　子音「ㄱ」(k/g) ＋ 母音「ㅏ」(a) ＋ パッチム「ㄴ」(n)
＝「간」(かん)

④縦＋パッチムの組み合わせ

例　子音「ㄱ」(k/g) ＋ 母音「ㅗ」(o) ＋ パッチム「ㄴ」(n)
＝「곤」(こん)

基本の母音

ハングルには基本の母音が10個あります。そのほかに2つの母音を組み合わせた「合成母音」が11個ありますが、ここでは基本の母音のみを勉強します。

ㅏ	「ア」	ㅑ	「ヤ」
ㅓ	「オ」(口を大きく開けながら)	ㅕ	「ヨ」(口を大きく開けながら)
ㅗ	「オ」(口を丸めながら)	ㅛ	「ヨ」(口を丸めながら)
ㅜ	「ウ」(口を丸めながら)	ㅠ	「ユ」(口を丸めながら)
ㅡ	「ウ」(口を横に引きながら)	ㅣ	「イ」

基本の子音

ハングルには基本の子音が10個あります。そのほかの子音として「激音」が4個、「濃音」が5個ありますが、ここでは基本の子音のみを勉強します。

ㄱ	「k/g」	ㄴ	「n」
ㄷ	「t/d」	ㄹ	「r/l」
ㅁ	「m」	ㅂ	「p/b」
ㅅ	「s」	ㅇ	「無音/ng」
ㅈ	「ch/j」	ㅎ	「h」

ハングル一覧表

		基本母音									
		a ㅏ	ya ㅑ	eo ㅓ	yeo ㅕ	o ㅗ	yo ㅛ	u ㅜ	yu ㅠ	eu ㅡ	i ㅣ
基本子音	k/g ㄱ	カ 가	キャ 갸	コ 거	キョ 겨	コ 고	キョ 교	ク 구	キュ 규	ク 그	キ 기
	n ㄴ	ナ 나	ニャ 냐	ノ 너	ニョ 녀	ノ 노	ニョ 뇨	ヌ 누	ニュ 뉴	ヌ 느	ニ 니
	t/d ㄷ	タ 다	ティャ 댜	ト 더	ティョ 뎌	ト 도	ティョ 됴	トゥ 두	ティュ 듀	トゥ 드	ティ 디
	r/l ㄹ	ラ 라	リャ 랴	ロ 러	リョ 려	ロ 로	リョ 료	ル 루	リュ 류	ル 르	リ 리
	m ㅁ	マ 마	ミャ 먀	モ 머	ミョ 며	モ 모	ミョ 묘	ム 무	ミュ 뮤	ム 므	ミ 미
	p/b ㅂ	パ 바	ピャ 뱌	ポ 버	ピョ 벼	ポ 보	ピョ 뵤	プ 부	ピュ 뷰	プ 브	ピ 비
	s ㅅ	サ 사	シャ 샤	ソ 서	ショ 셔	ソ 소	ショ 쇼	ス 수	シュ 슈	ス 스	シ 시
	無音/ng ㅇ	ア 아	ヤ 야	オ 어	ヨ 여	オ 오	ヨ 요	ウ 우	ユ 유	ウ 으	イ 이
	ch/j ㅈ	チャ 자	チャ 쟈	チョ 저	チョ 져	チョ 조	チョ 죠	チュ 주	チュ 쥬	チュ 즈	チ 지
	h ㅎ	ハ 하	ヒャ 햐	ホ 허	ヒョ 혀	ホ 호	ヒョ 효	フ 후	ヒュ 휴	フ 흐	ヒ 히
激音	ch ㅊ	チャ 차	チャ 챠	チョ 처	チョ 쳐	チョ 초	チョ 쵸	チュ 추	チュ 츄	チュ 츠	チ 치
	kh ㅋ	カ 카	キャ 캬	コ 커	キョ 켜	コ 코	キョ 쿄	ク 쿠	キュ 큐	ク 크	キ 키
	th ㅌ	タ 타	ティャ 탸	ト 터	ティョ 텨	ト 토	ティョ 툐	トゥ 투	トィュ 튜	トゥ 트	ティ 티
	ph ㅍ	パ 파	ピャ 퍄	ポ 퍼	ピョ 펴	ポ 포	ピョ 표	プ 푸	ピュ 퓨	プ 프	ピ 피
濃音	kk ㄲ	ッカ 까	ッキャ 꺄	ッコ 꺼	ッキョ 껴	ッコ 꼬	ッキョ 꾜	ック 꾸	ッキュ 뀨	ック 끄	ッキ 끼
	tt ㄸ	ッタ 따		ット 떠	ッティョ 뗘	ット 또		ットゥ 뚜		ットゥ 뜨	ッティ 띠
	pp ㅃ	ッパ 빠	ッピャ 뺘	ッポ 뻐	ッピョ 뼈	ッポ 뽀	ッピョ 뾰	ップ 뿌	ッピュ 쀼	ップ 쁘	ッピ 삐
	ss ㅆ	ッサ 싸		ッソ 써		ッソ 쏘	ッショ 쑈	ッス 쑤		ッス 쓰	ッシ 씨
	tch ㅉ	ッチャ 짜	ッチャ 쨔	ッチョ 쩌	ッチョ 쪄	ッチョ 쪼		ッチュ 쭈	ッチュ 쮸	ッチュ 쯔	ッチ 찌

※空欄はほぼ使われないものです

	合成母音										
	ae ㅐ	yae ㅒ	e ㅔ	ye ㅖ	wa ㅘ	we ㅙ	we ㅚ	wo ㅝ	we ㅞ	wi ㅟ	ui ㅢ
	ケ 개	キェ 걔	ケ 게	キェ 계	クァ 과	クェ 괘	クェ 괴	クォ 궈	クェ 궤	クィ 귀	クィ 긔
	ネ 내	ニェ 냬	ネ 네	ニェ 녜	ヌァ 놔	ヌェ 놰	ヌェ 뇌	ヌォ 눠	ヌェ 눼	ヌィ 뉘	ヌィ 늬
	テ 대		テ 데	ティェ 뎨	トゥァ 돠	トゥェ 돼	トゥェ 되	トゥォ 둬	トゥェ 뒈	トゥィ 뒤	トゥィ 듸
	レ 래		レ 레	リェ 례	ルァ 롸		ルェ 뢰	ルォ 뤄	ルェ 뤠	ルィ 뤼	
	メ 매		メ 메	ミェ 몌	ムァ 뫄		ムェ 뫼	ムォ 뭐	ムェ 뭬	ムィ 뮈	
	ペ 배	ピェ 뱨	ペ 베	ピェ 볘	プァ 봐	プェ 봬	プェ 뵈	プォ 붜	プェ 붸	プィ 뷔	
	セ 새	シェ 섀	セ 세	シェ 셰	スァ 솨	スェ 쇄	スェ 쇠	スォ 숴	スェ 쉐	シュィ 쉬	
	エ 애	イェ 얘	エ 에	イェ 예	ワ 와	ウェ 왜	ウェ 외	ウォ 워	ウェ 웨	ウィ 위	ウィ 의
	チェ 재	チェ 쟤	チェ 제	チェ 졔	チュァ 좌	チュェ 좨	チュェ 죄	チュォ 줘	チュェ 줴	チュィ 쥐	
	ヘ 해		ヘ 헤	ヒェ 혜	ファ 화	フェ 홰	フェ 회	フォ 훠	フェ 훼	フィ 휘	フィ 희
	チェ 채		チェ 체	チェ 쳬	チュァ 촤		チュェ 최	チュォ 춰	チュェ 췌	チュィ 취	
	ケ 캐		ケ 케	キェ 켸	クァ 콰	クェ 쾌	クェ 쾨	クォ 쿼	クェ 퀘	クィ 퀴	
	テ 태		テ 테	ティェ 톄	トゥァ 톼	トゥェ 퇘	トゥェ 퇴	トゥォ 퉈	トゥェ 퉤	トゥィ 튀	トゥィ 틔
	ペ 패		ペ 페	ピェ 폐	プァ 퐈		プェ 푀	プォ 풔		プィ 퓌	
	ッケ 깨		ッケ 께	ッキェ 꼐	ックァ 꽈	ックェ 꽤	ックェ 꾀	ックォ 꿔	ックェ 꿰	ックィ 뀌	
	ッテ 때		ッテ 떼		ットゥァ 똬	ットゥェ 뙈	ットゥェ 뙤	ットゥォ 뚸	ットゥェ 뛔	ットゥィ 뛰	ットゥィ 띄
	ッペ 빼		ッペ 뻬				ップェ 뾔				
	ッセ 쌔		ッセ 쎄		ッスァ 쏴	ッスェ 쐐	ッスェ 쐬	ッスォ 쒀	ッスェ 쒜	ッシュィ 쒸	ッスィ 씌
	ッチェ 째		ッチェ 쩨		ッチュァ 쫘	ッチュェ 쫴	ッチュェ 쬐	ッチュォ 쭤		ッチュィ 쮜	

sakumaru

LINEスタンプで不動の人気を誇る、ゆるくて可愛いうさぎのキャラクター「うさまる」の作者。2014年にLINE Creators Marketにて「うさまる」スタンプの登場以来一気にブレイク。以降グッズ化や書籍化など幅広く活動中。2021年には「LINE Creators MVP AWARD」MVP部門グランプリを受賞。著書に『うさまる』『うさまるといっしょ』『まいにち うさまる』『うさまる塗り絵BOOK きょう、なにする?』(すべて宝島社)などがある。

うさまると一緒(いっしょ)にまなぶ はじめての韓国語会話(かんこくごかいわ)

2024年6月27日 初版発行

著　者　sakumaru
協　力　LINE Friends Japan株式会社
発行者　山下 直久
発　行　株式会社KADOKAWA
〒102-8177
東京都千代田区富士見2-13-3
電話0570-002-301(ナビダイヤル)
印刷所　株式会社暁印刷
製本所　株式会社暁印刷

• お問い合わせ
https://www.kadokawa.co.jp/(「お問い合わせ」へお進みください)
※内容によっては、お答えできない場合があります。
※サポートは日本国内のみとさせていただきます。
※Japanese text only

定価はカバーに表示してあります。

ISBN 978-4-04-606544-5 C0087